ビーイング
オブ
ライト

光の存在たち

シャノン・オハラ

BEINGS of LIGHT
ビーイング・オブ・ライト 光の存在たち

Copyright © 2023 Shannon O'Hara
www.beingsoflightbook.com/japanese

ISBN: 978-1-63493-643-9

出版：アクセス・コンシャスネス・パブリッシング

Ease, Joy and Glory

安らぎ、喜び、豊かさと共に

カバーデザイン：チェルシー・ダゼル
本文デザイン&レイアウト：イザベラ・シビリスカ
翻訳：芦田奈緒、山中章子

ビーイング オブ ライト

光の存在たち

Shannon O'Hara

シャノン・オハラ

トーク・トゥ・ザ・エンティティズより

目次

Dedication

献辞

　この本を魔法使いダグラスに捧げます。そして、彼の思慮深いアドバイスと勇気ある知恵、尽きることのない寛大さのすべてに捧げます。この本をあなたにも捧げます。光に手を伸ばす皆さんおひとりおひとりに。「あなたが知っていること」と、どれだけ弱められても私たちの内側でチラチラと光り続けるコンシャスネスの光にこの本を捧げます。そして、気づかれなくとも、認識されなくとも、素晴らしい仕事をしてくれているすべてのメガ・ビーイングたちにこの本を捧げます。またこの本を、ユニバースの中にある思いやりの強さ（フォース）に捧げます。そしてイルカたちにも！　ありがとう、アクセス・コンシャスネス。私の人生にやって来てくれて、そして決して諦めないでいてくれてありがとう。どんな壮大で輝かしい冒険が待っているのでしょう？

Warning

警告

この本はあなたをびっくりさせるかもしれません。

Please relax

どうぞリラックスして。

　あなたがビーイング・オブ・ライトと関われるようにお手伝いしたいと思っています。その一部として、この本のところどころで、追加リソースの**無料音源**について触れています。これらは本文の補足として作られました。**無料音源**のリンクは、www.beingsoflightbook.com/japanese/ をご覧ください。

　また、巻末の追加リソースもご覧ください！　ビーイング・オブ・ライトと共に受け取る旅の歩みを進めながら、これらの追加リソースを楽しみ、探究してください。

Introduction
はじめに

　私が初めての本『トーク・トゥ・ザ・エンティティズ（TTTE）／霊と話そう』を書いてから10年になります。

　TTTE本をまだ読んでいない方には、この本を読む前に最初の本を読むことを強くお勧めします。そうすることで、あなたがこの本からより多くを得るための土台が作られるでしょう。この本から始めたいのであれば、それも良いでしょう。あくまでも私からの提案です。最初のTTTE本については、以下のサイトをご覧ください。：

www.talktotheentities.com/book/japanese

　最初の『トーク・トゥ・ザ・エンティティズ（TTTE）／霊と話そう』が出版されてから10年の間、TTTEも私も間違いなく成長しました。TTTEのクラスにはアクセスのツールと、私がスピリットたちから直接、または父のコーチングを

通じて学び、発見したスピリットたちへの対処方法のすべて
が詰まっています。TTTE の初期の頃、私は自分が見て、関
わってきた説明しがたいスピリットの世界を手探りしている
状態でした。

　アクセス・コンシャスネスのツールを使うことで、人が気
づきとゴーストに対して心を開き、この領域において彼ら
を支配していた恐れとジャッジメントから自由になるための
ファシリテーションを提供することができました。

　しばらくの間、それが TTTE のすべてでした。ゴーストに
気づくことがいかに異常なのかに狼狽していた人々が、そこ
から抜け出るための働きかけをひたすらしていました。

　スピリットの世界に対して心を開き、安らぎを持つという
ことは、とても長い間、ひどい迷信と妄想、ジャッジメント、
狂気と共に取り扱われてきました。人々はこの件に関して完
全に狂っていたのです。私は、自分のスピリットへの気づき
に対するブロックを超えることで信じられないほどの自由を
個人的に体験しています。

　単にゴーストに気づきたくないという理由で人々がいかに
自分を切り離し、閉じるのかを目にしたのは、私自身が自
由を体験したからです。最初に感じたその自由が、私を勢
い付け、可能性に火を付けました。

　皮肉なことに、私はスピリットの世界に特別魅了されたり、
関心があったりするタイプではありません。私の夫に聞いて
いただければ、直接聞かれない限りは私がゴーストの話を
ほとんどしないと彼は言うでしょう。これは私が誇りに思い

皆に披露したいと思うような特技でもないし、この能力のことを気楽に他人に話せたこともありません。

いつも変に思われることがほとんどなので、このことは人にあまり話したくないのです。

でもこれはギフト、つまり特別な能力なので、これを受け取る方法を学ぶことで、そこには真の宝物があることが分かりました。

このトピックを人と話すことで、受け入れざるをえない変化が創り出されました。だからこそ私はクラスやセッションという形式でこの話をしているのです。

最初の頃は、気持ち悪くて、悲しげで、彷徨っているゴーストたちの中で、途方もなく大きいビーイング・オブ・ライトと出会っていることは想像もつきませんでした。スピリットの世界に対して心を開くのは、（この描写を許してね）下水溝の中を進んでいくようなものでした。この世界には、たくさんのクソが存在します。でもそのクソに加えて、黄金に輝くスーパー・スピリットたちに対しても私はイエスと言ったのです。

始めの頃は、気づきという宝石に目を向けることに苦労しました。多くの不快な気づきが一緒にやって来たからです。受け取りを選別することはできません。ほとんどの人たちは、たった一度遭遇した嫌なゴーストのために、すべてのゴーストを断ち切ります。でも、すべてのゴーストを締め出すということは、嫌なヤツだけではなく、すべてを遮断するということです。

　これはまるで、不味いアイスクリームを一回か二回食べたという理由で、アイスクリームはもう食べないと誓うようなものです。ですから、クソのようなエンティティに対処するには、クリアリング、クリアリング、クリアリングすれば良いのです。あるいは、トイレの水を流して、流すか。

　その気持ち悪くて、不愉快なエンティティはクリアリングを必要としていたので、私はクリアリングしました。このような物語は最初の『トーク・トゥ・ザ・エンティティズ（TTTE）／霊と話そう』の中で紹介しており、クリアリングのツールはTTTEビギニングクラスで学ぶことができます。

　そしてもちろん、彷徨っているスピリットや、やり残したことがある者、この世に残してきた誰かと話をしたがっている者もいます。クリアリングが機能しないときは、彼らと話さなければなりませんでした。それは長時間かかる場合もあれば、ただシンプルに「こんにちは」とだけ言えば（彼らの存在をただ認めさえすれば）立ち去る者もいました。

　長い間、私はクリアリングとコミュニケーションのツールしか持っていなかったのですが、ある時、エンティティがトリックを仕掛けてきたのです。それは、エンティティから受け取るという信じられない現実であり、それまでの私には決して起きたことのない現実でした。

　ある意味では、偶然よろめいて、それに出くわしたとも言えます。もしあなたが、まばゆいばかりの朝焼けを17年間見つめていて、ある日、自分が見ていたのは日の出だったのだと気づいたとしたら、よろけちゃいそうでしょ？

　受け取りとはこの現実で行われているものではありません。もちろん、木々は太陽や大地を受け取っていますし、動物や自然界にあるすべては受け取っています。でも、人間は異なります。受け取っていません。

　夜が明けるようにして、受け取りというものが私に入ってきたとき、自分が一体何と向き合っているのか、私は全く分かっていませんでした。ある意味、赤ちゃんが高度な三角法や理論物理学を紐解いているようでした（コンシャスネスのビーイングと、ビーイング・オブ・ライトが忍耐強くて良かった！　だって、ああ、私たちは時として愚かだからです）。

　しかしそのエナジーに十分長い間、じっと真正面から見つめられていると、最終的に私は分かり始めました。「ああ、*このエナジーが受け取りというものなんだ。これらのビーイングたちは私に何かをギフトしようとしていたんだ*」

　そして、受け取りというものは部分的には至福で、部分的には極めて不快な変化の波としてやって来ました。私にとって、ビーイング・オブ・ライトを認識するだけで何年もかかりました。そして、「自分は狂ったのではないか？」と思うことなく彼らから受け取れるようになるまでは、もっと長い年月がかかりました（ちょっとドラマチックに語っていますが、でもそんなに大袈裟にしているわけではないんですよ）。

　人々にとって、受け取りとは完全に理論上のものです。そうでなくなるまでは。赤ちゃんのときは、受け取るときにその「受け取り」についての概念は持っていません。ただ受け取ります。そして次第にあなたは受け取りを諦め、なぜ自分

はお金の問題やセックスの問題を抱えているのだろうと不思議がります。受け取りは、安らぎと共にあらゆるものをもたらしますが、それについて考え始めたとたんに消えてしまうのです！

　受け取りには、思考も感覚も感情も引っ付いていません。ロジカルでもなければ、コントロールできるものでもありません。パワフルで、完全に自由で、荒れ狂った海のように、ほとんどの人を震撼させてしまうのです。ロジックも理由もない、莫大なパワーなのです。

　それでも、エナジーの中へとダイブして飛び込んでいくコンシャスネスの探求者は、あらゆる人にとって開かれた世界、けれども、ごく少数しか選ばない隠された世界を見つけます。

　受け取りとは、TTTE の 3 つ目となる最もパワフルな側面です。あなたがそこに触れると、人生に革命が起きるでしょう。「エンティティから受け取る」という側面はとても長い間、私から上手く逃げていましたが、ある日、それはやみました。

　受け取ることを通して私が発見したスピリットたちと宝物のためにこの本を捧げます。

　コンシャスネスと私たち全員を優しさの中でサポートしたいと願っているのがビーイング・オブ・ライトであり、私と一緒にこの本を書いています。彼らは、ずっと私の側にいました。子どもの頃から私をサポートして、決してなくなることのない思いやりを私に注いでいました。

　誰、そして何があなたにギフトしたがっている？

　準備はいいかしら？ シートベルトをしっかりと締めてね！

『決して諦めない』旅

　トーク・トゥ・ザ・エンティティズを辞めたいと思ったことがありました。私は何年も、人がエンティティへの恐れを乗り越え、エンティティに関する能力に踏み込んでいくために、教えたり力づけたりしていました。クリアリングやコミュニケーションのツールについても伝えていました。時代遅れの恐れからスピリットの世界を見るのを止めるよう人々を説得し、変化を起こすためにクリアリングとコミュニケーションのツールを使うよう説得するのは大変でした（これらのツールについては TTTE ビギニングクラスでお伝えしています）。でも、受け取りというものが現れると、全員ではなく

ともほとんどの人が（私を含め）始めは拒絶します。西洋文化で育っていれば、スピリットから受け取ることは、完全に現実ではないと感じられることなのです。

　もしあなたがアフリカ出身であれば、それとは少し異なる現実があるでしょう。アフリカ人とアフリカ文化のドキュメンタリーや映画を観ることで、この地球上には、ただの比喩的な意味ではなく「（受け取るために）スピリットで満たされる」ことを積極的に求める人たちがいるのだということが分かってきました。

　『ライズ』というドキュメンタリーを観ていたときに、このすべてが繋がりました。『ライズ』は主にロサンゼルス都市部のアフリカ系アメリカ人のダンス文化を描いたものです。

　このドキュメンタリーでは、その地域の人々の生活や人生が紹介され、その人たちのダンスが多く取り上げられていました。私の中で点と点が線で繋がったのは、人が集まってダンスをする際に、いかに「スピリットが存在」していたのかを彼らが話し始めた時です。あるダンサーと、彼らの先祖であるアフリカの部族を描いた5分程度のエピソードで、女性ダンサーが最後に「打たれる」シーンで終わるものがありました。彼らは「打たれる」と呼んでいましたが、私が観たのは、彼女の体全体、そして存在が受け取っている姿でした。

　これは、特にアフリカ系アメリカ文化の中で以前にも見たことがありました。アフリカの人たちがこうだというわけではなく、ただ私が一番分かりやすいと思ったのです。

　この人たちは、スピリットと繋がることをオープンに求め

ている人たちです。概念的な意味だけではなく、文字通り
自分の肉体を通して、です。完全な合一（コミュニオン）です。
肉体と存在の。スピリットが彼らの「中にやって来る」とき、
その人は自分の肉体にあまりいないようで、その肉体はコン
トロールを失い、その旅を続けるためにサポートを必要とし
ます。これは、ドラマチックでもわざとらしい何かでもなく
（まぁ、時々そうだけど）より大きな源に対する完全な明け
渡しです。完全にコントロールを失うことです。ただコント
ロール不能になるだけではなく、オープンになり、文字通り
スピリットで自分が満たされるということです。

　これはもちろん、憑依に似ていますが、ここで話している
のは憑依のことではありません。怖いものではなく、うっと
りするようなものでした。おぞましいものではなく、至福で
した。

　コントロールを失うことは、西洋文化では不評を買う振る
舞いです。これは非常にジャッジされていることなので、人々
は社会的な嘲笑や拒絶を恐れて頑固なコントロールを維持
しています。この、制御不能な受け取りは、キリスト教徒か
らは「憑依」、また他の人々からは「野蛮」とラベル付けさ
れています。

　しかし、私はここで、人が自身のコントロールを超えて完
全に受け取っているのを初めて目にしました。ましてや、ス
ピリットたちから完全に受け取っていたのです！　そして、
本人たちはそれを知っていました！　私が何度も感じたこと
のあったパワー、そしてコントロールしたりジャッジしたりす

ることでいつも自分から切り離そうとしてきたパワーについて、この出来事が私にそっと呟いたようでした。

西洋文化の中で育つと、このようなことは否定的にしかジャッジされません。ホラー映画では、人の頭がクルクル回ったり、恐怖を酷い映像で表したりしたものや、「怨霊の憑依」のせいで起きた残酷なことが描かれています。

マインドを超えて、恍惚感を抱くようなスピリットとの合一（コミュニオン）の状態に「打たれる」のは良いことではないのです。これは変で危険なことなのです。少なくとも、そう信じるように私たちは誘導されてきました。

スピリットの世界に対して自分を開いていくこととは、すべてのスピリットに対してであり、友好的なスピリットにだけというわけではありません。ほとんどの人たちはその相違を見分ける能力を発揮したことがないので、彼らはずっとその能力を上手く使えず、制限を持ち続けたままなのです。

そして、受け取りが失われるのもここです。私たちは、スピリットに気づきを持つこと、ましてやスピリットに触れさせることなど、とんでもないことだと文化的に教えられてきています。しかし、スピリットも人とほとんど変わりありません。素晴らしいスピリットもいれば、そうでないスピリットもたくさんいます。ですから、もちろんあなたもそういったスピリットたちには触れられたくないでしょう。でも、彼らすべてをブロックすると、あなたに貢献となる存在も逃してしまいます。

私は、みんなの手をとり、ゴーストと話をしても大丈夫なのだと説得することにうんざりしてきました。「ただのゴース

トよ、*対処すればいいだけじゃない！*」と思っていました。

抵抗感や恐れの裏側に爆発的な光と色、喜び、エナジー、気づき、そして深い深い受け取りが存在するマジカルで壮大な世界があっても、私が人々に手ほどきできることはほんの少ししかありませんでした。

というわけで、私はトーク・トゥ・ザ・エンティティズが楽しくなくなりました。これは、創造において致命的です。かつてクラスに向けて持っていた熱意が不安に変わっていました。「*誰もこれを欲しがらないのなら、なんで私がこれをやるの？*」そう思いました。でも次にこう聞こえました。「*君はこれを欲している。君はこれを分かっている*」真実でした。その通りでした。それだけで十分でした。

自分がアクセスすることのできた喜びと共に、私は続けました。すると少しずつ、スピリットの世界と繋がることで可能になる深い受け取りに人々が自らを開くようになってきたのです。新しい現実の基盤が姿を現し始めました。

ビーイング・オブ・ライトに入ろう。

しばしの間、奇妙な側へ、私と共に来てください。今だけ、または今より先も。あなたには選択肢があります。飛び越えることもできるし、そうしないこともできる。でも、あなたの抵抗、疑い、ジャッジメント、マインドは置いてきてもらえますか？　その気があるのなら、一瞬でもそうしてみて。新しい世界へ私／私たちと一緒に来て。もし気に入らなければ、あなたが知っていると考えるところにいつでも戻ればいい。これが怖いのなら、その恐れを使って受け取ら

ないことの何を正当化している？　これが怖いのなら、基本に戻りましょう。

　これまで知らないフリをしてきた何をあなたはいつも知っていた？　あなたは変。私たちは変なの。人生とはノーマルではないわ。宗教と科学はワイルドなまでに多様で無限にカラフルなスピリットの世界を無菌化してきた。私たちの周りにはエナジーの波があり、喜びが煌めいてる。あなたはそれを受け取りますか？

『決して諦めない』旅

The Receiving Team
レシービング・チーム

　私に受け取る方法を教えてくれたエンティティについてお話ししたいと思います。まずは私の父です。明らかにまだ肉体を持っています。二人目は私の妹です。妹もまだ体を持っています。次に、私のチームメイトです（チームメイトについては次の章で）。そして最後に、負けず劣らず大切な存在が、ビーイング・オブ・ライトです。

　私の父の話から始めましょう。アクセス・コンシャスネスのことを知っている皆さんは、私の父、ギャリー・ダグラスのことも知っているでしょう。父が何年も前にアクセスの船を出港させたのは、エンティティの助けがあったからです（ほ

とんどの人は気づいていませんが）！　彼らは父にアクセス
の初期のツールを示し、「仕事しろ！」とけしかけました。そ
して父はアクセスのクラスを始めました。アクセスやギャリー
のことを全く知らない方は、こちらをご覧ください。
ｗｗｗ．ｇａｒｙｍｄｏｕｇｌａｓ．ｃｏｍ

　このように異端で、働き者の男性に育てられたことには、
ギフトやユニークさがありました。父は私の中に壮大さへの
意欲を見出し、私を決して休ませてはくれませんでした。

　私がアンコンシャスネスを選択している時はいつでも、父
は私の世界に対して、時に最高に幸せな真実、時に残酷な
真実というくさびを打ち込み、私の気づきに火を付けたので
した。

　父がなぜ私だけにそんなに強くあたっていたのか、大人
になってから尋ねたことがあります。父は、私たちきょうだ
いには、それぞれ異なる父親がいるのだと言っていました。

　その意味を尋ねると、私たちきょうだいは全員がそれぞ
れにユニークだったので、父はそれぞれに対して別の親に
なる必要があったと言いました。父は強く接することで私
が変化できることを見て取り、そのようにしたのでした。

　私に初めて「受け取り」の概念を紹介したのはギャリーで
した。始めは、それが何なのか全く分かりませんでしたが、
何かとても良い考えのように思えました。

　大体 2 歳から 32 歳までの間、私は受け取ることを長く休
んでいました。先ほどお伝えしたように、受け取りとは赤ちゃ
んがしていることです。そして私たちのほとんどは様々な理由

（ほとんどの場合、ビーイングが虐げられること）によって受け取りを遮断してしまいます。受け取りはただ、この現実では行われていないのです。受け取りは簡単です。でも、ほとんどの人にとって、人生とは困難なものでなくてはなりません。そうでなければ、普通の人生ではなくなり、そこに価値はないのです。

　動物は受け取り、地球は受け取ります。でも人は受け取りません。今までは。

　受け取りが何であるのかという認知のかけらを、私が最初に寄せ集め始めたのは、妹と一緒にいる父を見ていたときでした。良くも悪くも私は常に「強く」、独立心旺盛なタイプで「私にはできる」という態度が毛穴から出ていました。この「私にはできる」という姿勢があったからこそ私はいくつもの奇跡を達成してきましたが、強く独立心旺盛なタイプの人たちは、そこに別の側面があることも知っています。「自分には誰も必要ない」「誰も私を止めることはできない」と証明するために、全部自分ひとりでやらなくてはならないと考えてしまうのです。

　このような振る舞いは、それが必要とされる時にはとても便利ですが、受け取る姿勢ではありません。残酷なまでに正直なことを言うと、私と兄は、妹に与えすぎている父のことを軽蔑していました。妹は父のお気に入りで甘やかされていると思っていたのです。私は自分に子どもができるまで、そう信じ続けていました。自分自身が親になって初めて、とても与えやすい子と、そうではない子がいることに気づき始

めました。

　また、他の子に比べて与えやすい子は、他人から見ても与えやすい子であることに気づき、ついに合点がいきました！なんてこと！　妹は私よりも受け取っていました。父にとっては、私や兄に与えるよりも妹に与える方がずっと楽だったのです。兄と私は受け取っていませんでした。私たちは奪い、「必要ないもん！」と証明していたのでした。

　念のためお伝えしますが「あなたなんて要らない」というのは受け取りの姿勢ではありません。「こんなに沢山のギフトをどうもありがとう」が妹の姿勢でした。つまり、受け取りの姿勢です。またの名を「プリンセス・パワー」と言います。

　木々はすべてを受け取ります。「これは受け取ると良いものだ」と決めたものしか受け取らないのではありません。樹木は日光をすべて、雨もすべてを受け取り、切り倒され、家に変えられたり、燃やされたりしても受け取っています。

　受け取りのヒント1：受け取りは条件付きではありません。受け取りとは、良きも悪しきも「すべて」を受け取ること。受け取りに条件を加えれば、それがどんなものであれ、完全な受け取りを消し去ります。受け取ったから、何かに従わなくてはならないことなどありません。受け取りはあなたに選択肢を与えるものです。

　ある時、「お前はほとんど受け取っていない」と父に言われたことがあり、私は父に対して怒り狂いました。これは既に述べた「残酷なくさび」のひとつです。私がほとんど受け取っていないという父の発言を却下する方法を探そうとしま

した。それを父のせいにしようとしたのです。父は私をそんなに愛していない。私が父から受け取らなかったのは父のせいに違いないと。

子どもがいない読者の方たちへ。自分が親になったとき、両親にとてつもない同情を感じますよ。お母さん、お父さんありがとう。本当に。

私がここを見つめれば見つめるほど、いかに父が正しかったのかが分かるようになってきました。受け取りは、私にとって究極に不快なものでした。嫌悪感と言っても良いほどでしたが、私はこれを変えなくてはなりませんでした。

この変化を本当の意味で達成するのを助けてくれたのが、ビーイング・オブ・ライトでした。そしてもちろん、どれだけ自分が制御不能になろうとも、どれだけ奇妙な感覚がしようとも受け取るのだという私の選択と、私自身への強い要求がそこにはありました。

妹にとって受け取りとは、称賛、美しいもの、ポニー、ジュエリー、素敵な髪という形でやって来ました。私にとって受け取りとは、定義不可能で名前のないスーパー・ビーイング、信じがたいほどの優しさ、エナジーという形でやって来ました。そして、素敵な髪という形でも。(^^)

Team Mate Time

チームメイトの時間

Team Mates
チームメイト

　私たちにはそれぞれ、私が好んで「チーム」と呼んでいる存在たちがいます。言うなれば、あなたの「スピリット・チーム」です。

　これはビーイングのグループで、数が少ないときもあれば多いときもあるのですが、あなたの人生を通してあなたを支援し、あなたと共にいる存在たちです。私たちが何度生まれ変わっても、彼らはいつも一緒についてきます。あなたは彼らのチームの一員であり、彼らはあなたのチームの一員です。彼らはどこにいるか分かりませんが、あなたは彼らにとってスピリットのように見えているかもしれませんよ。

　人生において、チームは私たちと共に試合に出ています。私たちが人生というフィールドでゴールに向かって走り、様々な物事を引き起こすとき、彼らは私たちと共にいます。

　私たちがベンチに座って試合をしていないときは、彼らも私たちと一緒にベンチにいます。

　チームメイトが私たちを守ってくれることもありますが、これは彼らの主な仕事ではありません。

　彼らが私たちに指示することはなく、彼らは私たちと歩調を合わせます。私たちが車で崖から落ちることを望むなら、チームメイトはそれが達成できるように手助けするでしょう。私たちがそれを選ぶのなら。

　どんな形であれ、私たちが壮大さを望むのなら、それも達成できるようにと彼らは手助けしてくれます。

　チームメイトは私たち自身の選択と気づきの代わりではないのに、多くの人々が何千年にも渡って彼らにその責任を負わせようとしてきました。彼らはガイドではなく、彼らは友人です。人生の責任を彼らに負わせて、自分の人生が上手く行くことを期待することは無理な話です。

　それまで私は、自分のチームにあまり気づかずに生きてきましたが、ある日を境にそうではなくなりました。この時点でTTTEを始めてから数年が経過していました。

　それは、フロリダにある母の家を訪ねていた時でした。私は自分の部屋のベッドに寝転がっていて、存在たちが私を囲むように立っているのを感じました。突然、どんな抵抗も超えた思いやりに包まれたような感じがしました。最も壮大な温かさと存在感で自分の魂が抱きしめられたようでした。

　「えっと、こんにちは。あなたたちはどこから来たの？」私は言いました。すると彼らはこう言いました。「*私たちはずっとここにいたんだよ。君が赤ちゃんのとき、ロサンゼルスの*

ゆりかごから見た私たちのことを覚えていないかい?」

そして、私は彼らのことを思い出しました。私がロサンゼルスで赤ちゃんだった頃に感じていたのが、まさにこの存在たち、まさにこのエナジーだったのです。

そして 25 年後、彼らは再び私のベッドの周りに立ち、暖かい光と思いやりで私を包んでいました。

彼らがグループであり、同時にグループ内で個別に存在していることが感じられました。誰がリーダーなのか、そして全員の差異も感じることができました。大人になり、フロリダのベッドに横たわっていたその瞬間、私はついに自分のチームを再び認め始めたのです。

受け取りのヒント2:認めることが受け取りに繋がる。

自分のチームに再び気づくことは、私にとって全く新しいことでした。私は彼らとの関係性を意識的に築き始めました。彼らと「今ここ」でいる時間を取り、彼らに触れてもらい、抱きしめてもらいました。

私たち皆で一緒に何が創造できるのかを問いかけ、彼らを無視するのではなく、私の人生にもっと現れるよう彼らに求めました。

彼らはただそこに存在していました。彼らは私から何かを欲しがることもなく、他の多くの存在たちのように私を引っ張ったり、私のスペースを侵害したりはしませんでした。

これがエンティティから得た、私にとって初めての「高速版受け取り」でした。人生における物事が楽になり、より大きな喜びと共に物事がやって来るようになりました。トーク・

トゥ・ザ・エンティティズが急速に拡大し始め、私の銀行残高も同様に増え始めました。

　私が決して返済できなかった多額のクレジットカード負債から抜け出せたのは、自分のチームを初めて認めた頃のことでした。

　チームとの繋がりを再び構築できてからの数年間で、彼らが様々な方法で私と共に働きかけていてくれたことが分かりました。

　それは、単に気軽なお出かけのような時もあれば、彼らの存在がもっと薄いときもありました。彼らを探しに行くと、遠くでせっせと何か熱くて明るいものに向かって取り組んでいる彼らを見つけたものです。彼らは何か仕事をしている雰囲気で、石炭をシャベルですくって機関車の火室に放り込んでいるかのようでした。「どうしたの？」と尋ねる私に「*これは未来のためだよ*」と彼らは言うのでした。

　私たちが速度と寿命を獲得していたのが私には分かりました。

　私はもっと選択し、私たちはもっと一緒に創造しました。彼らに貢献を求め、実際に彼らの貢献を受け取れば受け取るほど、馴染みのない、でもとても心地の良い感覚がもっと現れ始めるのでした。これが貢献であり、コントロールせずに受け取ることでやって来る生成というものだったことを私は後に学びました。

　私は自分のクラスでチームメイトのことを話し始め、人々が自分たちのチームの存在を認め、一緒に遊び始めるドア

を開いていきました。

チームメイトは深い喜びの存在ではありましたが、私は予想外のものに直面することになりました。人々は自分のチームを認識してただ受け取るよりも、それを定義して、理屈づけて、理解しようとしたがりました。要するに、コントロールです。

「私には何人のチームメイトがいますか?」とか「チームメイトの名前は?」というような質問をたくさん受けました。人々が尋ねていたのは「チームを受け取るよりも、どうやって利用できる?」ということでした。

人々はマインドで自分のチームを定義できるようになりたいと望んでいました。重要視することによって、チームとの可能性を阻み、止めている人たちを次から次へと何人も見てきました。

私は、受け取りというものが何であるのかを自分のチームから学び、受け入れつつも、チームについての話を何でもかんでもすることは徐々にしなくなりました。

でも、私に耳を傾け、ひとりで静かに自分のチームとの関係性を築く人たちがいました。ビーイング・オブ・ライトへのより大きなドアが開かれたのは、こうした少数の人たちの意欲によるものだと思っています。

チームに触れてもらい、背中をさすってもらいましょう。

You are cared for

あなたは大切にされています。

---

*無料の素晴らしいTTTEチームメイトエクササイズは、巻末の追加リソースの1番目を参照してください。

チームメイト

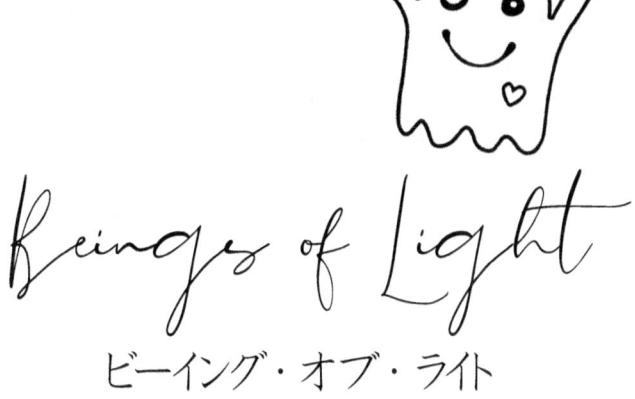

Beings of Light

ビーイング・オブ・ライト

　これを読むときはリラックスしてください。そして、さらに もっとリラックスしましょう。ビーイング・オブ・ライトについて「話をする」のは非常に難しいのです。彼らの奥深い壮大さを表す話し言葉や書き言葉はほぼ存在しません。言葉を使った途端、本質がすぐに見えなくなることがあるからです。でも、ここで私はできる限りやってみます。

　定義とはその定義からして制限です。だから定義せず、**気づいていましょう！**

　ここが、私たちが壮大さに入り、光を放つことができるところです。もし私たちが選ぶなら。

　ここが、何か壮大なものが私たちに要求しているところです。

　この先も読み進めていくのなら、どうぞあなた自身を開いたままでいてください。

　疑いよりも知ることを、奪うよりも受け取ることを選ばなくてはなりません。そして、苦しむよりも幸せでいてください。

　私たちがこの地球で生きるにあたり、最も壮麗な「メガ・ビーイング」が私たちに連れ添ってくれています。彼らをエンジェルと呼ぶ人もいれば、ガーディアン／守護霊と呼ぶ人もいます。今ここではビーイング・オブ・ライトです。ほとんどの人が彼らのことを忘れてしまっており、完全に信じていない人もいます。受け取る人はほとんどおらず、多くの人は目を向けることもできません。

　ビーイング・オブ・ライトは、私たちと一緒にこの地球で壮大さを創造するためにここにいます。肉体を持つことの素晴らしさを味わい、生命と自然を繁栄させるためです。

　少し聖書的な話になりますが、実を言うと聖書の中にはこうした存在たちについてたくさんの情報があります。大昔の先祖たちは彼らをよく知っていました。人類のすべての偉業、すべての大失敗も、こうした壮大なビーイングたちが側で私たちに手を貸していました。この惑星で、私たちはひとつの種族であり、彼らもまたひとつの種族です。

　でも、これを聞くにはリラックスしていなければなりません。

　彼らに気づきを持つことは、人によっては太陽を直視することのように、ただ手に負えないことだったりします。でも、その光を一度理解して、経験すれば、可能になるエナジーは…… **素晴らしいものです！**　その壮大さと優しさはすべてが癒しであり、この地球に蔓延している痛みは消えていき

ます。

リラックスして。

　ではなぜ、非常に多くの人たちがこれらの壮大なビーイングたちを信じていなかったり、分離したりしているのでしょう？

　だって、ハッピーになりすぎてしまうからです！

　この地球上の生命は、壮大さ、喜び、楽しみ、エンボディメント、安らぎに捧げられているでしょうか？　それとも、制限、痛み、苦しみ、ジャッジメント、残酷さに捧げられているでしょうか？

　本当に多くの人たちが、制限にエナジーを注いでいます。完全な思いやりを持つ寛大なメガ・ビーイングから受け取ることは、単純ににその目的と合致していません。ほぼすべてのエンターテイメントは、ある種の物語か、悲しみ、痛み、ドラマ、暴力、残酷さです。

　問題を持たないハッピーな人たちの映画や物語は人気がありますか？　それとも退屈ですか？　ハッピーな報道をニュースでどれだけ目にしますか？　幸せとは完璧に相性の良い相手との愛や宝くじの当選からやって来るものではなく、むしろ、深い自己幸福感の泉から湧き上がってくるものです。

　「今日、デンマークの女性が理由もなくハッピーになりました！　素晴らしくないですか？！」私はそんなニュースに興味があります。ハッピーな人たちとその偉業に捧げられた、

何時間にも渡るエンターテイメントを私たちが見るのはいつでしょう?

　大人はそんなことに興味を持たないようです。ハッピーというものは、ここではほとんど価値がないか、全く価値がありません。ハッピーであることは退屈であり、痛みは妥当なものとされています。

　周囲の人々の人生を見てください。勇気があるのなら、自分自身の人生を見つめても良いでしょう。喜びと、痛みまたは悲しみの比率はどれくらいですか?

　もちろん、自分は人生の痛みや制限の被害者だとみんな言いたがります。私たちはそのどれも選んでいません。痛みと制限は、残酷な世界が私たちに課してきたものです。

　いいえ。私たちが選んでいるのです。それって楽しくないですか?

　いいえ。楽しくないし、それがここで重要な点です。

　それがここでのアジェンダです。楽しくない。だから、喜びと楽しさに繋がるすべてのものが消し去られるか、ひどくジャッジされています。喜びと楽しさが残っているなら、それは奇跡です。

　幸せと楽しいセックスをなくして、その代わりに自分の体をジャッジしよう。その方がより妥当でしょう。

　食べ物は敵です。あなたを太らせて病気にするから。食べ物や自分の体を楽しまないで。楽しんでしまえばあなたは

罪人になってしまいます。

　完全な安らぎと共にお金を持つことは奇妙で完全に不可能です。お金と、お金を提供してくれる人を疑いましょう。

　無防備にならないで。だって、安全ではなくなるから。優しくしてくれる人は誰でも全員を疑ってください。そうした人たちはあなたを傷つけます。

　幸せであることはおかしいことだから、抑圧しなくては。

　リラクゼーションは危険だ。

　マインドを使おう。アレコレ考えて、そのために一生懸命になろう。もしあなたが、十分に考えて感じれば、すべてを一緒に受け取ることを避けられます。そうすればあなたは安泰だし、あなたが受け取ってしまうとママとパパは不快になりすぎてしまう。ハッピーでいるのを止めよう、自分でいるのを止めよう、何かが間違っている、あなたが間違っている、あなたは決して十分な存在にはならない。

　こうした声に聞き覚えがありますか？

　そして私たちは、自己嫌悪と分離の悪夢へと堕ちていくのです。

これは誰のもの？

　どんな捏造を使って、正しくて間違っている存在としての自分を創造することを選んでいますか？　それを POD ／POC してください！

本当にもっとリラックスして。

　私たちは、自分自身の外側のパワーだけが許可される世界で自分を見失っています。より壮大になってすべてを変えるよりも、制限となる家族、結婚生活や仕事の中にい続けることを好む人にとっては、力づけられることがとても恐ろしいことなのです。

　自分自身の外側にいる誰かや、何かを人生の答えや源にした途端、あなたの最も壮大なパワーと宝物、つまりあなた自身を諦めることになります。

リラックスして受け取って。

　自らを力づけないでいると、偉大なビーイング・オブ・ライトと私たちの繋がりが断たれ、そして人生で私たちをサポートし、私たちと共に働きかけようとするすべてのコンシャスネスと私たちの繋がりが断たれます。あなたが自分への信頼をなくせばなくすほど、ビーイング・オブ・ライトがあなたにギフトできるものが減っていきます。

　この本では、いくつかの情報、ツールと可能性を提示します。それはあなたにとって何かの刺激になるかもしれませんし、ならないかもしれません。でも、警告しておきましょう。

この本を読んで、あなたの内側に何も変化が起こらない方が稀でしょう。もっと受け取ること、変化することを望まないならば、この先は読まないでください。そして、この先も読み続けるのであれば……

　奇妙で、マジカルで、理解不能なコンシャスネスの旅へようこそ。ジャッジしたいのであればそうしてください。あなたをスローダウンさせることにしかなりません。ジャンプしたいのであればそうしてください。もしかすると、すぐに死んでしまうかもしれないし、あなたの人生という最も壮大な可能性に飛び込んでいくことになるかもしれません！

　これは奇妙だし、コントロールできないものです。ただ、あなたの楽しみと選択のために、すべての可能性が広がっています。

relax

リラックスして

more

もっと　もっと。

Dive In
飛び込もう

ではもっと受け取りましょう……

もっとオープンになり、エナジーの大きな存在を感じてください。怖がらないで、熱意を持って。

あるいは、怖がりながらも、熱意を持ってください。さらにもっとオープンになり、コントロールをいくらか手放しましょう。心配しないで、リラックスして。あるいは、心配しながらもリラックスして。

マインドを捨てて、しばらくの間、ただ脇に置いておきましょう。取り戻したいのであれば、後から取り戻せます。

あなたが持つすべてのバリアを下げてください。本当に。あなたが現実をコントロールするために頭の中で使っているものも、下ろしましょう。そしてあなたのお腹にあるものも、

リラックスさせて、下ろしていきます。必要であれば、力を加えてバリアを下げましょう。そして、リラックスして。

全方向に拡がってください。本当に拡がって。より大きくなってください。

必要であれば、この本を閉じてここからそっと離れましょう……

本を読みながら、この場を離れることができるのなら、そうしてください……

頭の中にいるのなら、あなたはリラックスしておらず、受け取ってもいません。実際、頭の狙いは、ビーイング・オブ・ライトからあなたが分離することです。ですから頭をリラックスさせて静かにしましょう。考えないで！　リラックスして。

たとえあなたが壊れようとも、無防備でいなくてはなりません。未知の跳躍のために、すべてのリスクを取らなくてはならないのです。保証が欲しいのであれば、ここはあなたがいるべき場所ではありません。

自然は保証してくれません。自然は何を与えてくれますか？

その中にリラックスしていきましょう。あなたが持っていないものではなく、与えられているものの中にリラックスし

ていきましょう。

　頭をもっと鎮めましょう。あなたは知りますか？

　あなたが、間違っていると確信を持っていることを守ったり、防御したりしているものすべて、それも今手放しますか？

　たとえこれが真実ではないとしても、あなたにとっての真実とは何ですか？　あなたは何ですか？

手放そう……

　不気味なカルトにあなたが騙され、もう決して信頼しないようにとねじ曲げられたところ、あなたにしがみ付いているものを取り消し、自分のパワーを取り戻しますか？　選択して、クリアになってください。
　自分のためだけ、楽しみのためだけ、決して誰にも言わない。

　あなたのことをあなたよりもよく知っている人はいません。他人にそれを求めることはできません。それはあなたでなくてはならないのです。残念ですが。
　今、知ることの責任を引き受けましょう。あなたが知って

いることを引き受け、それが真実だと認識してください。

リラックスして。

あなたの中で叡智が解かれることに許可を出しましょう。あなたを制限してきたものを分解するために。本当に許可を出して、完全に手放します。勇気を持って、強くなり、そしまた、赤ちゃんのようになりましょう。もしあなたが考えているのなら……それはバリアです。

このドアの鍵をどこに置いてきたのか、覚えていますか？あるいは、あなたが鍵ですか？　今その鍵を使って、考えないで。

向こう側に進んで行きましょう。必要であれば突破してください。

あなたはクレイジーではありません。それが真実です。

あなたにとっては？

ビーイング・オブ・ライトがあなたの元にやって来るよう、求めてください。彼らを知覚できるほど十分にリラックスしてください。彼らをあなたのスペースに押し入れましょう。手放して……

彼らがあなたの人生に伴走する許可を出してください。彼らの存在感を求めましょう。あなたのスペースにもっと押し入ってくるよう、彼らに求めます。あなたが何らかの形で抵

抗しているのなら、抵抗を止めましょう。

スペースを感じて。

　彼らがあなたに働きかけるのをそのままにしておきましょう。あなたは何を感じますか？　あなたのお腹、性器、胸をリラックスさせて。

　これらの壮大な存在たちは私たちと共にここにいます。私たちはひとりではありません。ほとんどの人が望むことさえしないような事柄においても、私たちはずっとサポートされてきました。ただ、この生き生きとした制御不能なエナジーを受け取れば、この世に生を受けた誰よりも多くをあなたは得るでしょう。

　そしてあなたには、ビーイング・オブ・ライトがいて、彼らと共にやって来るすべてのギフトがあります。ノーマルは機能しません。定義は彼らを排除します。

　あなたが制限を失うことになってしまい、申し訳ない思いです。そして、この恐ろしくて素晴らしいニュースを伝える役割を担うことができて私は光栄に思っています。

　これはあなたが想像できるよりも素晴らしいものです。あなたにとって信じられない壮大なことこそ、これなのです。

　リラックスして。すべての良きことがここにあります。それらがあなたにのしかかってくるのを許して。

そして明け渡して

---

*これと一緒にできるビーイング・オブ・ライトのエクササイズは、巻末の追加リソース2を参照してください。

飛び込もう

次のチャプターは明日まで読まないようにしてください。

Demons
デーモン

> 「悪魔が仕掛けた最大の策略は、世界に自分が
> 存在していないと思わせたことだ」
> ── ケビン・スペーシー（カイザー・ソゼ）
> 映画『ユージュアル・サスペクツ』より

　残念ながら、このビーイング・オブ・ライトの本で、デーモンのことを書かなければなりません。デーモンとは、光と私たちの合一（コミュニオン）を邪魔する最大の犯人です。ビーイング・オブ・ライトとデーモンは両方とも「見せかけ」の塊の中に一緒くたにされています。両者とも、幸運なことに、そして残念なことに、見せかけではありません。私たち、ヒューマノイドという種はデーモンとの間に長い年月に渡って積み重なった物語を抱えています。

　デーモンは、強制と支配のために火の惑星から連れて来

られました。そもそも、デーモンを**招き入れる**のは、他者を支配したり、思いのままに操ろうとしたりする人間の欲望です。一度デーモンを入れると、追い払うのは困難です。それはまるで、子供を怖がらせるような、失礼で、臭くて、美味しい食事を不味くする招かれざる客のようです。

デーモンは、人の中に従者を作り出します。

私たちが使う現代英語の「デーモン」という言葉は、ギリシャ語に由来します。「ダイモニオン」が私たちの西洋言語でのルーツでした。デーモンは、様々な文化の中で別の多くの名前があり、デーモンが関わっていない文化はこの地球上には存在しません。

西洋文化ではデーモンがオープンに語られますが、ほとんどの場合は、スピリットの存在を認めるというよりも、比喩的な表現として使われます。「彼らは自分たちのデーモンと闘っている」など。言うまでもなく、私たちはこういったところから余計な問題を創り出します。向き合っているのは実際のスピリットなのだと、もし私たちが認識すれば、デーモンの扱い方が全く分からず、おろおろして、デーモンたちから影響を受けるのではなく、扱い方がもっと楽になります。

もちろん、これは人や場所から悪霊を真剣に一掃することを重視する迷信や無能なシャーマンや司祭を彷彿とさせることでしょう。

正直なところ、これらの迷信のような方法に効果がある場合もありますが、大抵は効果がありません。私が思うに、効果があるときは、その古典的な方法が優れているというよ

りも、取り仕切る個人の能力によるものだと思います。エンティティに対処するスキルが自然に身に付いている人もいるからです。

歴史上でデーモンがどのように記述されているのかは文化によって異なります。私は主に、ヨーロッパ文化の観点から話をします。でもヨーロッパ文化は、スピリットの世界に対する最も偉大な知識や文化的な繋がりを持っている文化ではありません。

アジア、インド、ラテンアメリカ、アフリカには、エンティティへのもっと強い信念や儀式が残っています。それは必ずしも人を啓発するものではありませんが、ヨーロッパやヨーロッパの流れを汲む文化よりは、文化的にスピリットをよく扱っているという意味です。

キリスト教の広がりと共に、スピリットへの理解や認識が消し去られました。キリスト教は、エンティティに明るい教義ではありません。キリスト教の影響が薄くなった今でさえ、過去の「浄化」という無菌状態が、コンシャスネスに関する人々の能力に深く影響を与えています。

どこにでも存在する、コンシャスネスの自然な要素が、「見せかけ」（でも見せかけではない）のデーモンによって強化された何世代にも渡るジャッジメントによって深刻な打撃を受けてきました。

デーモンは仕事をするエンティティです。仕事をするために地球に連れて来られました。デーモンの仕事は、私たち（ヒューマノイド）がコンシャスネスの集団を作らないように、

制御不能な幸せと喜びを発生させないようにすることです。

　それだけです。不幸な人たちを支配することはできますが、ハッピーな人たちは支配できません。ハッピーな人たちは、ルールや体制のことはどうでもいいと思っています。好き勝手なことをやって、それでハッピーなのです。

　人は、幸せになるよりも支配に依存することを好みます。幸せは予測不可能ですが、実際、自然界のすべては完璧なバランスで制御不能になっています。

　デーモンは、人の中にジャッジメントの火を付けることで、その職務を遂行しています。あなたにジャッジメントがなければ、デーモンはあなたを支配する力を持てないし、そんな力を持つこともないでしょう。デーモンを招き入れるのは、ジャッジメントなのです。

　繰り返します。もしあなたに自分へのジャッジメントがなければ、デーモンはあなたの周囲にいられず、影響も与えられません。事実です。ジャッジしないことは、ほんの少しの人たちしか使い方を学んでいないスーパーパワーなのです。しかしながら、そのスーパーパワーを選んだとき、その効力にかなうものはありません。

　デーモンに関する問題をたくさん抱えている人がいるのなら、その人が自分に向けている中核となるジャッジメントを取り除けば、ダイナミックに完全に変化するでしょう。ジャッジメントは選択であり、必要性ではありません。しかしながら、ほとんどの人は、自分と自分が持つジャッジメントが同じだと考えていて、人生のほとんどの部分においてその

ジャッジメントからの影響を受けています。もし、ジャッジメントがリアルなものではないとしたら？　ニュース速報です！　ジャッジメントはリアルではありません！

　ジャッジメントは、ビーイングの無限のスペースを引っ掛ける固定金具として、悪の魔術師が創ったものです。ジャッジメントがなければ、コントロールは存在しえないのです。それってどんなふうでしょう？

　デーモンとの関係性は、地球上で最も共依存的で、最もねじ曲げられた関係性です。デーモンは、あなたの力を完全に奪いつつも、「他の誰よりも君を愛しているよ」とあなたに言うのです。あなたにとって、もう出会うことのできない最も完璧な相手が自分（デーモン）であり、あなたのことを本当に見つめられるのは自分（デーモン）しかいない、とデーモンはあなたを説得します。これはすべてあなたを葬るための策略です。ニュース速報です！　それは愛ではありません。

　デーモンはまたあなたに力を約束するかもしれません。ですから、もしあなたが自らの魂をその悪魔に売れば、自分では創造できないと思うもの、自分にはなれないと思うものを手に入れられると。ニュース速報です！　あなたは自分で創造できます。それが選択と呼ばれるものです。でももちろん、デーモンは「君には選択肢などないよ」と言うでしょう。そして、あなたはそれを信じるのです。

　真の思いやりは、デーモンを寄せ付けません。デーモンは卑劣さを誘発したがります。そうすれば、人の中に固定

金具を見つけられるからです。もしあなたが自分に真に優しくあれば、デーモンはあなたを支配する力を持てなくなります。

　興味深いことに、ほとんど誰も気がついていないのは、デーモンに自分を支配させる力を与え、デーモンをこの地球上に存在させるのは、自己ジャッジメントだということです。

　ジャッジメントがなければデーモンもいなくなります。

　力にしがみついているのはデーモンではなく、私たちの方です。デーモンを人生に招き入れるのは、ジャッジメントに対する私たちの選択です。デーモンの問題にしつこく悩まされている人がいれば、それはその人が自分自身に持っている根本的なジャッジメントに起因していることが分かるでしょう。

　私はとてもシンプルな言い方をしていますが、ここで言っていることはとても根源的です。

　厄介で困難で骨の折れる悪魔払いが必要な日々はもう終わりです。悪役は息を切らすようにして追放するのではありません。悪役は内なる選択を通して解放されるのです。汝（あなた自身）をエンパワーすれば、あなたはいかなるデーモンよりも壮大な存在です。汝（あなた自身）をジャッジすれば、自分が選ぶ悪夢によって常に苦しむでしょう。

　すべてのデーモンたちが元々いた場所に戻るときが来ました。彼らが暮らしたい火の惑星に戻るときが。

　デーモンたちはもうここにはいたくないのです。彼らのアンコンシャスネスのパワーは衰えています。

　デーモンを認識する方法は知ること。デーモンを恐れる方法は、デーモンが私たちに望む人生、つまりより小さくより酷い人生を生きること。

　デーモンは敵ではありません。悪事を蔓延させる悪いバクテリアです。あなたがジャッジすればするほど、あなたはそのバクテリアに餌を与えます。自分を信頼して。ノウイング（叡智）が特効薬です。

　デーモンをクリアリングするには、単純に彼らが元々いた場所に帰せば良いのです。デーモンが立ち去り、あなたがスペースを感じるまで、必要なだけ繰り返してください。クリアリングしやすいデーモンとそうでないデーモンがいますが、**すべて**クリアリングできます。この英語のフレーズを使ってください。

Return from whence they came, never to return to me, my body, or this reality ever again.

Return from whence they came, never to return to me, my body, or this reality ever again.

Return from whence they came, never to return to me, my body, or this reality ever again.

　もしかすると15回以上言う必要があるかもしれません。あなたが「今ここ」でいれば、上手くいくでしょう。

　デーモンがクリアリングされない場合、それは誰か（自分でクリアリングしている場合には、あなた自身）がデーモン

を保持し続けることに専念しているか、何らかの形でデーモンとリレーションシップを結んだ状態にあるからです。これを変えるには、その本人（またはあなた）が変える意思を持っていなければなりません。他人のためにこれを選択してあげることはできないし、他の誰かがあなたのためにこれを選択することはできないのです。

　クリアリングされている人が一旦デーモンや複数のデーモンたちとの関係性を終わらせる選択をしたら、その人に「あらゆるすべての生涯、次元、現実を通してそのデーモンと交わしていた契り、宣誓、誓約、忠誠、血肉に刻まれた忠誠心、誓いを無効にして、撤回して、撤廃して、回収して、公式に破棄通告して破壊してアンクリエイト」させてください。POD/POC（アクセスコンシャスネスの正式なクリアリング・ステイトメントの説明は巻末の情報セクションを参照してください）

　じゃーん！　それだけです。デーモンを元の場所に帰し、誰にも戻ってこさせない、あるいはこの現実にもう二度と戻ってこさせないようにしましょう。

　警告：多くの人が自分たちのデーモンを愛しています。あるいは、少なくともそう思っています。自分のデーモンを愛している人がいたら、あなたがどれだけ頑張ってクリアリングしても効き目はありません。あなたのギフト（能力、才能）は、それを受け取ってくれる人のために残しておきましょう。

---

*効果的なデーモン・クリアリングの音源は巻末の追加リソースを参照してください。

デーモン

Angels

エンジェル

後期ラテン語のアンジェラス、ギリシャ語のアンジェロスではまさに「メッセンジャー、使者、知らせをもたらす者」という意味です。

もしあなたが尋ねれば「私たちは、信じる者たちのためだけではなく、すべての者のためにここにいる」と彼らは言うでしょう。

スピリットの世界は多様性に満ちています。それは、ほとんどの人が自分に許す理解の範疇を遥かに超えるほどです。私にとって、大きな発見のひとつはスピリットの世界がとても多様だということでした。エンジェル、デーモン、神聖なスピリットだけに留まりません。スピリット王国は、動物、植物、鉱物、微生物王国と同様に、大いに多様で信じられ

ないほどエレガントなのです。

　動物、植物、鉱物、微生物においては新たな種が今も発見されています。これは、スピリット王国を含めた自然界のものの多くが未だ人間によって発見されていないことを示しています。私たちは、人生と呼ばれる広大でマジカルな王国に生きる気づきの赤ちゃんなのです。

　動物、植物、鉱物、微生物王国の発見は、ずっと昔にあるひとりの人が「これは何だろう？」と問いかけたところからすべてが始まりました。すると、動物、植物、元素（エレメンタル）やミクロの世界が発見されるために自らを開いてきたのです。

　これは、スピリット王国についても同じことが言えます。必要なのはひとりが問いかけをひとつ（そしてさらに何百万もの問いかけを）すること。それによって、エレガントな多様性が姿を現します。

　気づきに関する最大の障害のひとつは、気づきを通して発見すればするほど、この現実について自分が持っている定義と理解をどれだけ変化させなくてならないか、ということに直面させられることです。

　だからこそ、真に賢明な人は、自分はすべてをまだ発見していないことを知るのです。実際、そのような人たちは結論よりも問いかけから機能します。結論づけることは、発見していくことを止めるということでもあります。最も古く、最も信じられている科学の法則でさえ、誤りであることが後に判明しています。地球が平面だった時代、喫煙が健康に良い

と医者が言っていた時代を覚えていますか？

　初めての抗生物質であるペニシリンが開発されたのは1928 年でした。「目に見えない」微生物やバクテリアの世界が理解され始めましたが、当時は医学にしか応用されませんでした。それ以前は、感染症の原因がほとんど理解されておらず、感染症というものが存在し、治療しなければ死に至る可能性があるという知識しかありませんでした。現代の私たちにとってはちょっとしたことでも、100 年前であれば大勢が命を落としていたような症状を治療できるようになったのは、微生物の世界が理解されたからです。

　これは、「命を脅かすように思えるけれど実は大したことがない問題」を扱うのに、スピリットの世界の知識がいかに役立つかを示す完璧な比喩です。でも、適切なツールを使って対処しなければなりません。例えば、幻聴、妄想、自殺願望はデーモンの存在によって引き起こされているかもしれません。眠れない怖い夜が続くのは、ゴーストに取り憑かれた家に住んでいるせいかもしれないのです。これらは確かに命や安心を脅かす問題ですが、適切なエンティティクリアリングのツールを使えば、必ず対処可能であり、完全に解決できます。

　私たちは後々、この時代のことを「スピリットに無知な」暗黒時代として思い返すことでしょう。宗教的な迷信と科学的な正しさの無菌化の後にやって来た無知の時代として。

　私は自分のことを真の探求者だと思っています。現実に問いを投げかける存在であり、歩いて話す可能性の変異で

す。問いかけなくしては、私は気づきの王国に変異すること
はできなかったでしょうし、世界の人々がほぼ知らない、全
く認識していないすべての素晴らしい存在たちに出会うこと
もなかったでしょう。

　ビーイング・オブ・ライトを知ることは、エンジェルを知
ることでもあります。では、エンジェルについて明確にさせ
てください。彼らは大きく誤解されているからです。

　キリスト教の広がりと共に、すべてのエンジェルがキリス
ト教の思潮と神話に強奪されたために、キリスト教の含み
なしにエンジェルを考えることが難しくなりました。ちょう
ど、スペインの征服者たちが中南米のすべての金銀をスペイ
ン国王のために要求したことと似ています。金や銀は誰かの
ものではないのに、征服者たちは自分たちのものだと言い
張り、それに合意しなかった者たちを皆殺しにしました。た
とえ彼らがそう思ったとしても、誰かのものなど何もありま
せん。すべては地球のもので、地球に還っていきます。すべ
てです。私たちの肉体も含め、この地球からの借り物なの
です。

　この地球で肉体を持って生きる私たちの命が、地球とコ
ンシャスネスからのギフトなのだと理解すればするほど、私
たちの人生と命がギフトになります。所有は概念であり、受
け取りは真のギフトです。誰もエンジェルを所有していない
し、世界中のすべての金を所有していません。彼らがどれだ
けそれを信じていたり、あなたに信じさせたりしたとしても。

　エンジェルはそこかしこに存在します。キリスト教が生ま

れるずっと前から、人の世話をしたり、教えたり、思いやりを向けたりしていました。イエス・キリストは受け取り、同時に世界へのギフトでもありました。

エンジェルはキリスト教とは関係ありませんし、さらに言えばどの宗教とも関係ありません。自然と同様、いかなる信念体系とも関係なく存在しています。バクテリアが何なのか誰も知らないからといって、バクテリアが存在しないわけではありません。バクテリアは認識されていなかった時代もずっと自らのやるべきことをやっていました。

科学が登場する前は、すべての文化がスピリットを信じていました。しかしながら、科学が台頭する数千年前に、スピリットへの気づきは宗教の文脈によって大きく影響されコントロールされてきました。ほとんどのナチュラル・スピリット・アートがジャッジメントと誤った情報の大海のなかで失われていきました。

今ではエンジェルが人に話しかけても、大抵は見過ごされます。仮に、無視されず軽蔑されなかったとしても、その人の顔には引きつるようなショックが浮かんでいるでしょう。だって、エンジェルがやって来たらどうすれば良いのかなんて誰も知らないのですから！

ヒント：リラックスして、彼らを抱きしめて、感謝して。

エンジェルやガイドの仕事はあなたを力づけ、支援することです。彼らの仕事は何をすべきかをあなたに指示することではありません。真のコンシャスネスの存在が、あなたに何をすべき言うでしょうか？　あなたをコントロールした

がる存在はそうするでしょう。天使界と呼ばれるところから機能している存在たちは、エンジェルのような見た目で現れ、いつ、何を、どのようにすべきかあなたに指示します。

　エンジェルや、ビーイング・オブ・ライトは決してあなたに何をすべきかを指示しません。それが本当にエンジェルや光のビーイングかどうかを見分けるポイントです。何をすべきか、どのようにすべきかとあなたに指示する存在がいれば、それはエンジェルでも光の存在でもありません。

　真のガイドはあなたが何をすべきかなど指示する権利を持っていません。あなた自身が、エンジェルのことを源にして自分よりも偉大な存在としなければ、エンジェルに支援を求めることはできます。あなたの外側のパワーや、神にしか属さない「彼」の司祭や使いというのは、繰り返しになりますが、キリスト教から来ています。

　パワーの源をあなたが自分の外側に置いたとたん、つまり、自分に不可能なものを誰か／何かが提供してくれる、それになってくれると思うと、実際、あなたは自分を無菌状態にして受け取れないようにしています。たとえ相手があなたにギフトしたくても与えられません。だって、あなたは受け取っておらず、欲しがりになっているからです。これはとても扱いづらく、狡猾なポイント・オブ・ビューです。

　エンジェルに求めてエンジェルから受け取ることは、効果のない祈りや、依存だと歪曲されてきました。あなたは依存的な人たちにどれだけギフトしたいですか？　ギフトを受け取るには、あなた自身がギフトでなくてはなりません。空っ

ぽで、欲しがりの穴ではなく。

どんな存在にでも、自分の元へ来て助けて欲しいと求めれば、あなたは手に入れるでしょう。良きも悪きもどんな存在も。コンシャスネスを支援することを目指している存在たちを求め、その存在とは誰なのかを知ってください。

多くのデーモンや悪事を働く者たちは、エンジェルのふりをしてその名声を利用して、気づきのない者たちをいいように利用します。注記：偶然スピリットに騙されることはありません。騙されるには、必ず自分の叡智を諦めなくてはなりません。だからこそアクセスでは、自分は知っているということを人々が知ることができるようになることを目指しています。叡智、知っていることとは、馬鹿者除け、愚かさ除けになるのです。

状況をより複雑にさせるのは、多くのエンジェルたちがデーモンと呼ばれてきたことです。エンジェルや光の存在たちから受け取ることを偶然に信じてしまった人たちを混乱させるためだけに。

だからこそ、自分が知っているということを知り、それを信頼することがとても大切なのです。軽ければ真実です。重ければ嘘偽りです。座右の銘にすべき言葉です。

私がこの人生で初めてエルサレムを訪れたとき、そこで知覚したエンジェルの多さに驚きました。最初は自分が何に気づいているのか、完全には分かっていませんでした。あんなにもエンジェルが多い場所にはこの人生で訪れたことがなかったからです。ここで言っているのは、本物のエンジェ

ルです。気味の悪い別の存在ではありません。

　私の感覚として、エンジェルは眩しい光でした。まるでそこにより多くの酸素があるかのように。すべてがとても眩しくて、でも私が建物や人に目を移すとそれらが眩しいわけではなく、それでも、そこかしこに光がありました。エルサレムで一晩過ごした翌朝、私は目が覚めて「そう、あれはエンジェルだわ」とつぶやきました。

　私は父と数人のアクセス友達と朝食に行き、そのことを父に話しました。ある意味、確認する方法として。すると父は「ああそうだ。彼らはここにいるよ」と言ったのです。

　それだけでした。それが会話のすべてです。これが、スピリット・アウェアネスについて、何年もかけて私が父と交わした最も人生が変わるようなブレイクスルーのまとめです。

　私が何かを尋ねたり示したりすると、父は「イエス」か「ノー」を返してきます。私はまたひとりになって、自分の気づきを通して学びます。たとえ最も深淵で重要な事柄であっても、これまでに父が何かを指示したことはありませんでした。だからこそ、結論づけがなく、そこにはただ、気づきと受け取りだけがあるのです。

　食事の終わりに父もテーブルから立ち上がり、ただ私に微笑みながら、多額のイスラエルの通貨、シェケルを私に手渡しました。それが何なのか聞かない方が良いことを私は知っていました。私が得た、受け取りへの気づきを父が示したことが分かりました。そして私は、その承認とお金を喜びと共に笑顔で受け取りました。

　それは私にとってまた別のサインにもなりました。私の気づきが …… 的確だったということです。これは私の人生に繰り返し起きています。何か大きなものを受け取り、それに対してオープンになると、その見返りに大抵ギフトを受け取るのです。毎回お金というわけではなく、受け取りとは様々な形でやって来ます。受け取った直後にやって来るとは限りませんが、瞬時にやって来るときもあります。

　認めることは受け取りにつながり、私が受け取るとき私はギフトしています。これについては「ギフティングとレシービング（贈ることと受け取ること）」の章でお話しします。

　私は重要性を持たずにエンジェルから受け取りました。ただ受け取ると、ギフトされました。これは正しいことをした報酬であると誤解しないでください。そんなふうに直接的で論理的なものではありません。これは、樹木が太陽と大地から受け取るような、努力を要しないプロセスです。木々は受け取り、次に酸素、木の実、果物、甘い樹液などたくさんのものをギフトします。ここに関わっているエナジーは同時に起きていて、木々も大地も太陽もどれかだけが唯一の供給源ではありません。太陽、大地、樹木のすべてがあらゆる方向にギフトして、受け取っています。もし、樹木が受け取りを止めたら、太陽と大地はギフトすることを止めるでしょうか？

　あなたが受け取りを止めたからといって、ギフトがあなたの周囲に存在しないわけではありません。受け取ってください。

　父はエルサレムで開催していたクラスで、エンジェルの話をしようとしましたが、その努力は拒絶の嘲笑で迎えられました。会場にいた人のほとんどにその話が伝わらなかったので、父はすぐさま別の話題に移りました。私はラッキーなひとりです。そして今、私は天才か狂人かのように（それはあなたがどう見るかですが）先陣を切ってこの会話を始めています。

　また、光の偉大な存在たちは、私たちのためにエンジェルのような姿で現れてくれることもあります。なぜなら、つかみどころのないメガ・ビーイングを知覚するよりも、天使を知覚する方が私たちには心地よいと彼らは知っているからです。

　ビーイング・オブ・ライトはエンジェルではありませんが、エンジェルはすべての存在にとって最善をもたらすためにビーイング・オブ・ライトと協働しています。あなたの人生にいるエンジェルたちの存在を認めてください。彼らはギフトしてくれます。

エンジェル

ギフティングとレシービング
／贈ることと受け取ること

　ギフティングとレシービング／贈ることと受け取ることは
コンシャスネスの生態系の一部です。あなたが同時に貢献し
ていない限り、より大きなコンシャスネスを得ることはでき
ません。つまり、あなた自身もコンシャスネスにとってのギ
フトでなければならないのです。自らの選択を通してコンシャ
スネスを尊重することで、あなたはコンシャスネスへのギフ
トとなります。たとえあなたが、自分がギフトであることを
信じられないとしても（ちなみにそれは、ヒューマノイドを苦
しめる災いです。これでヒューマンが苦しむことはありませ
ん。ヒューマンは自分が正しいと信じ、ヒューマノイドは自

分がダメだ、間違っていると信じています）。

ヒューマノイド Humanoid:/ˈhjuːmənɔɪd/

形容詞：外見や性格はヒューマンに似ている。

ヒューマンは地球上の種のひとつであり、ヒューマノイドは別の種です。少しの間、もっと奇妙なことを話します。

ヒューマノイドは、ヒューマンと交配し、より知的でよく働く種を創るために地球に連れて来られました。ヒューマンは消費し、ヒューマノイドは創造します。ヒューマノイドであることは永遠の過ちと考えられてきました。すべての偉大な創造を担い、文化を変えるような独創性を持っていたのはヒューマノイドたちだったにも関わらず、です。

すべてのヒューマノイドたちは、その内面の奥深くで、自分はダメで間違った存在だと信じています。自分は悪だ、とさえ思っています。しかしながら、これは全くもって真実ではありません。私たちは、これを信じるようにインプラント、エクスプラントされています（エクスプラントとは、サトルボディにインプラント／埋め込まれたものです）。ギフティングとレシービングは、正しくあるか、間違っているかではなく、あなたがあなたであるところに存在します。

与えることと奪うこと（ギブ＆テイク）はギフティングとレシービングの下位にあたります。

与えることと奪うこととは、誰かが恩に着せながらあなたに何かを与えることです。「私はあなたにそれを与えた、今度はあなたからこれが欲しい」というように。

これはギフティングではありません。ギビング／与えるこ

とです。

太陽が地球にギフトするとき、太陽はそのエナジー使用料の請求書を地球に送りつけたりしません。太陽、地球、自然のすべてとユニバースは、同時にギフティングとレシービングをしています。そしてその過程で繁栄します。ギフティングとレシービングではなく、ギブ＆テイクから機能することを選ぶとすぐに、私たちは自らの無限のエナジーとビーイングを諦め、制限されることを選びます。

「ギブ＆テイク」に対して「ギフティング＆レシービング」が、より壮大なコンシャスネスにアクセスするためにどれだけ重要なのかは強調してもしきれません。

自然界にあるもので制限されているものはひとつもありません。それはあなたも同様です。あなたはただ制限されたフリをしているだけです。危険はそこに存在します。自分が制限されているという信念の中にあるのです。それが定着した途端に「私にはできない。だって」という大海の中で、受け取りが失われてしまいます。

「だって」は、いつも、受け取らないための正当性と物語です。

ビーイング・オブ・ライトを知るためには、受け取ること。

そして、受け取ることはギフトすることでもあります。

あなたがギフトすると、同時に受け取ります。

ギフトし、受け取るという選択は、より壮大な自分になる選択でもあります。私は常により壮大な自分になるよう、父から教えられてきました。たとえ他の人がそうしていなくて

も。父が私に見せてくれたのは、より壮大な自分になるのを選ぶことで、制限を超え、アウトクリエイト（さらに上回る創造をする）する方法でした。

　例えば、夫と比べて私が家事をどれくらいしてきたか、あるいは、夫や知人と比べて自分がどれだけ支払いをしてきたかを勘定し始めると、それはギブ＆テイクの中にいるということが分かります。私が計算し始め、公平さや正しさの結論を形成しようと、情報を集めて勘定すると、私はただギブ＆テイクに屈していることになります。私の方がより多くを与えている、または、彼らは十分に与えていないと信じ、あるいはその逆を信じることを選んでいるのです。これはすべてギブ＆テイクの症状です。

　もし私が無限の存在なら、欠乏することなどありえるでしょうか？　私がなれるもの、私がギフトできるもの、受け取れるものに、限界などあるでしょうか？　もし私が、そこにはもっと多くがあると知っていて、豊かさに満ちたユニバースから常にギフトされることを知っていたら（実際に私はずっとギフトされてきました）、私は損失を信じるでしょうか？

　ギブ＆テイクが文化として、私たちの精神にどれだけ深く根づいているか、皆さんにも分かったことでしょう。損失というものの見方は蔓延しています。しかしながら、もしあなたが受け取っていたら、損失の感覚などないはずです。そこにあるのは、ただ、計り知れないエレガンスの、無限に優れたサイクルとユニバースの働きへの感謝と許容です。

　ギブ＆テイクは、地球を含めたあらゆる壮大な存在を知

覚し、彼らから受け取ることを阻む、最悪の重罪人です。もしあなたがより壮大になることを選ぶなら、あなたはより壮大になります。そして、ビーイング・オブ・ライトから受け取るには、ほとんどの人が居心地の悪さを感じるレベルの壮大さが要求されます。私たちが受け取るためには、自分たちがギフトであることも認めなくてはならないのです。

Choice, Your License to Receive

選択、それはあなたが
受け取るための許可証

　コンシャスネスは正しい食事をして、何百年もの間、洞窟で瞑想することで得られるものではありません。コンシャスネスはフリーエナジーであり、そこかしこに存在しています。そのフリーエナジーにアクセスするかどうかは私たちの選択次第です。

　私たちは今、この本の中で最も落胆するか、あるいは最も解放される（それはあなたのものの見方次第）ところにやって来ました。**選択**について話しましょう。

　選択が私たちの人生全体と現実を創造します。衝撃的な発言であることは分かっています。だって多くの人は、自分には選択がないと実際に信じているのですから。私たちの選択はとてもパワフルですが、かと言ってそう重大なものではありません。選択はすべてに影響し、そこに努力が必要とされることはゼロか、あってもごくわずかです。

　選択は何でもないことのように感じられます。だから、ほとんどの人が選択というものを理解しないのではないかと私は思います。私たちが人生でおおかた教えられてきたのは、選ばなければならないときだけ選ぶということです。それは必要性であり、選択ではありません。

　選ぶためには理由がなくてはならないし、理由もないのに、なぜ選択なんかすると言うの？　だって選べるから！

　理由は選択ではありません。選択は選択です。理由とは、私たちが自分に選択を強いるときに創り出す外側の力です。

　選択とは、ベッドから起き上がり、髪をとかすのと同じくらい簡単なものです。でも、あなたは、人生の大きな選択がそこまで簡単で、重要性のないものであっても良いと思い、そうなることを許容したことがありますか？

　鳥には空を飛ぶ理由が必要でしょうか？

　それでもなぜ私たちは生きる理由を探すのでしょう？　ああ、そうです。私たちはユニバースのエナジーを信頼したり、連携したりしないコントロール好きのクソ野郎だからです。私たちは、自然よりも自分たちの方が多くを知っていると思い、微細でパワフルなエナジーの流れよりも、強固な

マインドの方に価値があると思っているのです。

　あなたが考えているのなら、あなたは胡散臭い。

　ビーイング・オブ・ライトと繋がる選択をしなくてはなりません。偶然に起きるものではないのです。それはある意味、あらゆる関係性において、自分がそこに関わるかどうかを選ばなくてはならないことと似ています。関係性は偶然生じるものではないですよね。

　何年も前、TTTE がまだ赤ちゃんだった頃、私は自分が壁にぶち当たっていることが分かっていました。何かが行き詰まっているようでした。本来なら TTTE はもっと成長できるのに、私自身がそうさせていないことを自覚していました。でも、TTTE を制限するために自分がしていた選択を見ることができませんでした。

　このことに関して、父が何らかの洞察を持っているのではないかと思い、私は父に多くの、とても多くの質問をしました。するとついに、父はあるものを私に見せたのです。

　父は私に「善になるのか、悪になるのか?」と聞きました。

　その瞬間、雷に打たれたようでした。TTTE に大きくなって欲しいと言いながらも、そこで自分がしようとしているのが善行なのか悪行なのか、完全に認識していませんでした。

　その瞬間、デーモンと一緒に自分がひどい悪事を働いてきたこと、闇の勢力に自分を捧げてきたすべての生涯を思い出しました。私は自分が何を選んできたのかを見ました。

　また、今、自分が何を選ぶのかを認識してこなかったことも分かりました。私がいかに邪悪で、どれだけ大きな害をもたらして来たのか、あらゆるデーモンたちが私に語りかけるのが聞こえました。そしてその瞬間、デーモンたちの嘘はもう決して私をコントロールしないと分かりました。

　私は自分が TTTE を引き留めていたことが分かりました。だって、自分がするであろうこと、なるであろうことを「信頼」していなかったからです。そしてその瞬間、私は自分が何を選びたかったのかが分かりました。

　この人生で初めて、私は楽な人生を選びました。喜びと優しさのある人生です。

　その瞬間までは多くの怒り、暴力、闇が私を追いかけてきていました。優しさと平和よりも、残酷さとジャッジメントの方をもっとパワフルにしていたのです。私は多くの生涯で怒り、暴力、闇に価値を置いてきました。今は別の選択をして、それを実現する準備ができています。

　それが私の中で優しさが勝った瞬間でした。ビーイング・オブ・ライトとユニバースからのすべての貢献が私の人生に入って来ることができた瞬間でした。

　ギャリー（父）は私が簡単に悪い方向になびくのを見て、私から良さを引き出そうと何年も苦労していました。父は他に誰も手を差し伸べようとしなかった、あるいはできなかった場所に手を差し伸べ、私の選択が私や他の人を殺すことはないこと、私が自由に選べることを教えてくれました。たとえ間違った選択をしても、それでも選ばなくてはなりませ

んでした。そして、私が善であるならば、善にならなくては
ならなかったのです。

　選択のパワーを取り戻した私は、もう自分が怖くなくなり
ました。自分のパワーを恐れなくなりました。自分がデーモ
ンのようになり、非難されても、私は優しさのパワーをもう
二度と諦めることはないでしょう。

　そして、TTTE は広がっていきました。デーモンやすべて
の気づきと共に、より素晴らしい世界を創るために。

　あなたは自分の選択を信頼しますか？　あるいは、あな
たは自分自身を疑っていますか？

　デーモンにコントロールを与え、コンシャスネスの計り知
れない宝物をあなたに受け取らせないようにするものは、「自
分が悪いと信じること」にあります。

　壮大なビーイング・オブ・ライトにアクセスして、彼らと
遊ぶ鍵のひとつは、それを選ぶことです。

　選ぶ方法は誰もが知っています。ただ、正しい選択、間違っ
た選択というジャッジメントが、完全に足止めするとは言わ
ないまでも、多くの人の歩みを遅らせ、人生の変化、成長
を遠ざけるのです。

　正しい選択をしたがり、間違った選択をしたがらないとこ
ろを破壊してアンクリエイトしますか？　POD /POC

　成長なしに受け取ることは不可能です。もしあなたが
ジャッジメント（正しい、間違っている、良い、悪い）を使っ
ているのなら、それは巨大なブロックを創り出し、あなたは
そこを超えて成長することができません。

それは正しくありたいという悪循環であり、あなたが受け取れるものを制限します。もしくは、ダメで間違った自分になることも、受け取れるものを制限します。

とてもシンプルに言えば、ジャッジメントは受け取りを阻みます。そしてもし、あなたが受け取っていないのならば、ビーイング・オブ・ライトはもちろん、どんな壮大な存在もあなたの人生に現れることはありません。あなたのドアは閉じています。

ですから、正しい自分、間違った自分になる選択ではなく、気づく選択をしなくてはなりません。

これを聞いて無理だとか、ばかばかしいとすら思うかもしれません。あるいはただ奇妙な感じがするかもしれません。それは私にも分かっています。本当に多くの人が、自分のものの見方やジャッジメントが、自分が何者なのかを定義するものだと信じ、それなしには自分が消えてしまうと信じています。あなたが消えることはありません。約束します。むしろ、もっと自分を見つけられるかもしれません。

もしかするとあなたは、自分のものの見方を変えたい、ジャッジメントを消し去りたいと切望しているかもしれません。あるいは、「どうすれば良いのか分からない」と思い込んでいるところや、過去に試行錯誤しても成功しなかったところを手放したいと思っているのかもしれません。私のオススメは：アクセスをもっとやること。**たくさん**やることです。

アクセス・コンシャスネスのことを知らない人は、調べてください！ www.accessconsciousness.com/ja/ を見る

か、もちろん、ただ選ぶこともできます。選択はすべてに勝り、完全に創造します。

　今すぐには選ぶ方法が分からないのなら、選べるようになるまでアクセスをやってください。それから選んでください。

　幾多の年月、幾多の生涯に渡る否定とジャッジメントによって、ねじ曲げられ、阻止されてきた私たちのビーイングが解放されると、あなたは何を手に入れるのでしょう。

「それは決して、あなたがこうなるだろうと思うようなものではない」

　　　　　　　　　　　　　　　　　　　　　　―Dr. デイン・ヒア

　選択とは、あなたが受け取るための許可証です。選択は無料で、誰もが使えるものです。たとえ今、自分には何の選択肢もないと「感じた」としても、あなたには選択肢があります。今ある状況を自分が選んだことが信じられないのなら、問いかけてください。「私はこれを創造するために何をした?」あなたは偉大です。あなたはとてもパワフルですが、自分がそこまでパワフルであることを信じたいと思っていません。だって、自分がどれだけパワフルなのかを知ってしまったら、後ろに隠れる言い訳がなくなるからです……そのとき、あなたの人生はどうなるでしょう?

Receiving Exercise

受け取りのエクササイズ

　これがどんなふうに見えても、何が必要とされても、今日は自分の頭から離れることを厭いませんか？

　このエクササイズでは、もしかすると何かを失っているような感覚になるかもしれません。ユニバースには源と力があることを信頼してください。それはあなたがこれまでに知ってきた誰よりも優しく、思いやりがあり、創造的なものです。生きていることで私たちが得るギフトがあります……あなたはそのギフトを受け取ってきましたか？

　「これを理解しなくては」と思うと、破壊することになります。警告です。安全に感じる領域を超えて、最も大きなジャッジメントや定義を超えて、あなたの頭を超えて、自らを開いていくことを厭いませんか？

楽にして、リラックスしてください。

自分が爆発するような感じを知覚したときには、爆発してください。

興奮しすぎたり、怖くなりすぎて、心臓発作になったりオーガズムに達したりするような気がしたら、心臓発作やオーガズムを感じ続けてください。

リラックスして。 何のためにこの本を読んでいるのか、あなたがどう思っていたとしても、それを超えてリラックスしてください。

バリアを押し下げて。この世界に生きる中であなたが持っているそのバリアを押し下げて。

ずっと上がりっぱなしになっていて、それを自分でも普通だと思っている、そのバリアを押し下げます。

本当に、リラックスして。自分のバリアを緩めて下げられないのなら、無理してでも下げましょう。もしあなたが考えているのなら、それはバリアです。自分は正しくできているのかなと思っているのなら、それはバリアです。

リラックスして。 これは、あなたがこれまでやって来た何よりも簡単なことです。

　今いる部屋や、あなたの体が占拠するスペースにいるすべてのエンティティたちを知覚します。あなたの体がこれまでに知覚してきたあらゆるものを超えて知覚することを許可しましょう。どのようなリラクゼーションのプロセスが起きる必要があったとしても、それが起きるようにさせてください。

　あなたの気づきと意識に入りたがっているものが何であれ、それを入れてください。気づきは間違いではありません。もし何もあなたを傷つけられないとしたら？　防御する必要はありません。

　この部屋とこの部屋の外にいるすべてのエンティティたちを知覚します。あなたが知覚し、自分の知覚を認識したときに起きることに意識を向けてください。自分のマインドや他の誰かの頭が邪魔してきたら、リラックスして。

　あなたがこれから知覚するすべてのエンティティたちを知覚して。これは、意欲の練習です。

　すべてのエンティティに後ろに下がるよう、あなたから遠くに離れるように頼んでください。では、あなたのチームに求めましょう。あなたのチームから始めます。

リラックスして。

　チームに、あなたの近くに来てもらうよう頼みましょう。

そのエナジーの中でリラックスし続けて。チームに、あなたを抱きしめ、背中をさすり、あなたを安心させ、あなたのお腹にさわり、あなたの神経システムをリラックスさせるよう求めてください。

　リラックスして、もっと受け取って。もし考えているのなら、リラックスして。自分をとってもリラックスさせて、「今ここ」にいさせてください。

　あなたの注意をビーイング・オブ・ライトに向けて。

頭ではなく、気づきです……

　ビーイング・オブ・ライトにあなたの気づきを向けるとき、何らかのバリアを持っていたり、お腹が緊張していたり、眠くなったり、「今ここ」にいられなくなったり、頭が痛くなったりしていないか気づいていてください。バリアを下げましょう。できるだけ彼らと一瞬一瞬を共にいてください。疑っているのなら、「今ここ」にいません。

リラックスして。

　ビーイング・オブ・ライトに気づきを向けることで、自分の体の中やそれ以外のところで何に気づき始めたのか意識してください。できるだけ形式を特定しないようにしてください。彼らを見ようとしないでください。知覚してください。

私たちはスペースに入っていきます。

　では、ビーイング・オブ・ライトにあなたを飲み込ませて
ください。それが何であれ、許容します。彼らに許可を与え
てください。あなたと共にここにいるよう、彼らに頼んでく
ださい。彼らにあなたの人生を包んでもらってください。彼
らを「今ここ」にいさせて、あなたに触れさせてください。

　彼らを再びここに連れて来る出入り口になりましょう。安
らぎ、優しさ、強烈さをもたらすために、彼らがあなたを通り、
この惑星にやって来ることを許してください。彼らがあなた
の中に入り、あなたのお腹に入り、可能性の種を植えること
を許してください。

　手放して！　あなたがこれまで知っていた人生を手放して。

ただ手放して！

　ビーイング・オブ・ライトがあなたを知り、あなたを通し
て働きかけ、この惑星上のコンシャスネスの種を育てること
を許可してください。全方向に広がってください。マインド
を使わずに。

　ビーイング・オブ・ライトにあなたの疑いを壊してもらい

ましょう。あなたの正しさを弱めてもらい、あなたの体に働きかけてもらいましょう。コントロールしているのなら、それに気づいて。

リラックスして。

彼らと共にすべての方向に向かい、ユニバースへと入って行きます。あなたの体が体験する必要があるものを体験させます。止まらないで。進み続けてください。あなたの体、あなたのユニバース、この宇宙の中を進み続けます。これではないものはすべて、手放します。

ビーイング・オブ・ライトがあなたを包み込み、あなたの抵抗を飲み込むことを許可します。このエナジーをひとつひとつの分子に浸透させます。ユニバースにあるすべての分子、そのひとつひとつに。

では、ビーイング・オブ・ライトがこの地球で私たちと共にいられるようにするには、あなたは何にならなくてはなりませんか？　私たち全員が可能だと知っている、より良い世界に向かうために、彼らが私たちと共に働いてくれるよう誘うには、あなたは何を選ぶ必要がありますか？

　ビーイング・オブ・ライトはどんなジャッジメントよりも強い存在です。あなたのジャッジメントを彼らに壊してもらいましょう。今、彼らにそうするよう求め……そうさせてください。

　コントロールというあなたの武器を下ろしましょう。あなたは安全です。あなたが必要とするものに従ってください。リラックスして。

　このエナジーをあなたの体の一部にして、これ以外のすべてのエナジーを置き換えてください。このエナジーが物理的にあなたの体内に配置され、あなたの他の体や、あなたであるものすべてに確実に配置されるようにしてください。こうすることで、次にまたあなたがこのエナジーに触れるとき、このエナジーが存在するように。このエナジーをあなたの気づきに浸透させてください。このことを考えないで。
　あなたの体を信頼して、あなたのエナジーを信頼して、リラックスして。

　では、あなたのチームメイトがあなたを再び抱きしめることを許可してください。ビーイング・オブ・ライトが今日あなたと遊び、あなたの中を毎日歩き、この惑星を支配し始めるように誘って。あなたがなるためにこの惑星にやって来た、最高に幸せな可能性の爆発と共に、彼らがこの惑星を支配し始めるように。

リラックスして、もっと受け取って。

---

*素晴らしい受け取りのエクササイズについては、巻末の追加リソース3をご覧ください。

受け取りのエクササイズ

The Beginning ♡

はじまり

Index of Resources
リソース

　この本を楽しんでくださってありがとう。この本で語られている内容をより探求して広げたい方は、こちらのサイトをご覧ください。：

www.beingsoflightbook.com/registration/japanese/
読者のための追加リソースとして**無料**の音源をご用意しています。

追加リソース：

1.　　チームメイト・エクササイズ
2.　　ビーイング・オブ・ライト・エクササイズ
3.　　受け取りのエクササイズ
4.　　シャノンによるさらに素晴らしいコンシャスネスのエクササイズ

デーモン・クリアリングの音源を購入する

トーク・トゥ・ザ・エンティティズのデーモン・クリアリング音源をぜひ入手してください。効果があります！(英語のみ)

www.talktotheentities.com/demon-clearing
デーモンクリアリングは英語**のみ**です。

トーク・トゥ・ザ・エンティティズの本

シャノンによる初めての著書「トーク・トゥ・ザ・エンティティズ／霊と話そう」を読み、あなたが何に気づいているのかを発見してください。

www.talktotheentities.com/ttte-book/japanese/

トーク・トゥ・ザ・エンティティズ
世界中で開催されるクラス

スピリットへの気づきは簡単に受け取れます。今日あなたが気になるクラスがあるかどうか、見てみてください!

www.talktotheentities.com/classes/

アクセス・コンシャスネス

アクセス・コンシャスネスの素晴らしいツールについて学ぶには、以下のサイトをご覧ください。

w w w . a c c e s s c o n s c i o u s n e s s . c o m / j a /

All of life comes to me with ease, joy & glory

人生のすべては安らぎ、喜び、豊かさと共に。

アクセス・クリアリング・ステイトメント

　奇妙な短い言葉を使うことで、あなたの人生を完全に変化させられるとしたら？

www.accessconsciousness.com/ja/about/
how-it-works/the-clearing-statement/

How does it get better than this?

これよりもっと良いことって？

リソース

The Author,
Shannon O'Hara

著者：シャノン・オハラ

　子どもの頃、シャノンは見えない世界、ほとんどの人にとっては口にすることさえできない世界について、自分が敏感に気づいていることを発見しました。

　アクセス・コンシャスネスの創始者であり、継父でもあるギャリー・ダグラスの助けを借りながら、シャノンはエンティティと会話する方法、エンティティと関わる方法を学びました。そしてコンシャスネスのツールを使うことで、普通でリアルだと考えられているものを超えた現実にアクセスできる、このユニークな能力を受け入れる方法にシャノンは気がつきました。

　シャノンの最初の著書「トーク・トゥ・ザ・エンティティズ／霊と話そう」は 10 年以上前に出版され、この道に繋がる最初のステップとなりました。この本は今では、世界中のファシリテーターたちがアクセス・コンシャスネスのツール

を使って開催する講座として、完全なプログラムに成長しました。この本「ビーイング・オブ・ライト」はその探求の延長線上にあり、さらに奥深くへ入っていくものです。

　現在シャノンは、南スウェーデンを拠点にしながら、夫のマックスと共に世界中を訪れ、コンシャスネス、体、エンティティに関するアクセス・コンシャスネスのクラスをファシリテートしています。

　昔の地図には「この先にはドラゴンがいる」と書かれていたのを覚えていますか？　私たちの人生におけるその領域は、シャノン・オハラが継続的に、そして果敢に探求している領域です。シャノンの本は、その探求にあなたにも合流してもらうための招待状です。そして、もし意欲があるのなら、ぜひあなた自身で発見してください。

www.ingramcontent.com/pod-product-compliance
Lightning Source LLC
La Vergne TN
LVHW011919020925
820083LV00049B/1250